TYPISCH
1974
DER BESTE JAHRGANG

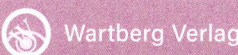

Wartberg Verlag

Impressum

2. Auflage 2024

© Wartberg-Verlag GmbH
34281 Gudensberg-Gleichen
Im Wiesental 1
Telefon: 056 03/9 30 50
www.wartberg-verlag.de

Redaktion: Wartberg Verlag, Dörte Rienäcker
Gestaltung und Satz: r2 | Ravenstein, Verden
Druck und Bindung: optimal media GmbH, Röbel an der Müritz

ISBN: 978-3-8313-3674-6

VON

_____

_____

FÜR

_____

_____

1974 – DAS WAR LOS!

- **Playmobil** zieht in unsere Kinderzimmer ein. Die ersten Figuren sind Ritter, Indianer und Bauarbeiter.
- Bundeskanzler Willy Brandt stürzt über die **DDR-Spionageaffäre** um seinen Referenten Günter Guillaume.
- Unser neuer Bundeskanzler ist **Helmut Schmidt** (SPD).
- Der erste **VW Golf** kommt auf den Markt.
- Die deutsche Nationalelf um Kapitän Franz Beckenbauer wird **Fußballweltmeister** im eigenen Land.
- Die Nummer-1-Hits ins Deutschland sind „Waterloo" von **ABBA**, „Kung Fu Fighting" von Carl Douglas und **„Tränen lügen nicht"** von Michael Holm.

ABBA

VW Golf 1

WIR 1974ER

805 500 Kinder werden im Jahr 1974 in Deutschland geboren.

SO HEISSEN WIR

Diese Vornamen geben uns unsere Eltern am liebsten:

MÄDCHEN

Nicole
Tanja
Sandra
Stefanie
Katrin
Claudia
Melanie
Julia
Daniela
Kerstin

JUNGEN

Christian
Stefan
Thomas
Andreas
Markus
Michael
Oliver
Alexander
Jan
Marc

74ER PROMIS

IM GLEICHEN JAHR WIE WIR ERBLICKEN AUCH SIE DAS LICHT DER WELT:

Kate Moss (16. 1.)

Robbie Williams (13. 2.)

James Blunt (22. 2.)

Barbara Schöneberger (5. 3.)

Victoria Beckham (17. 4.)

Penélope Cruz (28. 4.)

Ingo Zamperoni (3. 5.)

Alanis Morissette (1. 6.)

Dunja Hayali (6. 6.)

Juli Zeh (30. 6.)

Franka Potente (22. 7.)

Leonardo DiCaprio (11. 11.)

Kurt Krömer (20. 11.)

Kate Moss

Leonardi DiCaprio

Barbara Schöneberger

Robbie Williams

SPIELKINDER

- ▶ Holzeisenbahn
- ▶ Lego
- ▶ Playmobil
- ▶ Monchhichi
- ▶ Barbie und Ken
- ▶ He-Man
- ▶ Matchbox-Autos
- ▶ Fischertechnik

ZEITVERTREIB

AUS DEM SPIELALTER RAUS, FASZINIEREN UNS:

- ► Zauberwürfel
- ► Slime
- ► Stinkbomben
- ► Glückspüppchen
- ► Schlümpfe
- ► Ü-Ei-Figuren
- ► Newton-Pendel

AUF ROLLEN UND RÄDERN

MEISTENS SIND WIR DRAUSSEN UNTERWEGS – AM LIEBSTEN MIT:

- ▶ Bobby Car
- ▶ Dreirad
- ▶ Roller
- ▶ Kettcar
- ▶ Bonanza-Rad
- ▶ BMX-Rad

- ▶ Rollerskates oder Discorollern
- ▶ Skateboard

DIE SCHULE HAT UNS

AUSGESTATTET SIND WIR MIT:

▶ **Scout-Ranzen** in Rot, Blau, Grün oder **Lederranzen** in Orange, Rot, Grün mit **Katzenaugenverschlüssen**

▶ Federmäppchen inklusive **Pelikan- oder Geha-Füller** plus Tintenkiller, Buntstifte und Filzstifte

▶ Pausenbrot, in Butterbrotpapier eingewickelt – und die **Pausenmilch** gibt es beim Hausmeister

UND BEKLEIDET SIND WIR VORZUGSWEISE MIT:

▶ **Jeans-** oder **Cordhosen**, oft mit Flicken an den Knien

▶ **Hängekleidchen** oder **Stufenrock**

▶ **Nicki-** oder **Ringelpullis** mit Bündchen

▶ orangefarbener **Kappe** von der Verkehrswacht

FESSELNDER LESESTOFF

KAUM DES LESENS MÄCHTIG, VERSCHLINGEN WIR COMICS, HEFTE UND BÜCHER VON:

- Salamander
- Micky Maus
- Fix und Foxi
- Tim und Struppi
- Asterix und Obelix
- Spirou & Fantasio
- Yps
- Bessy
- Vorstadtkrokodile
- Das Sams
- Fünf Freunde
- Hanni und Nanni
- TKKG
- Die drei ???

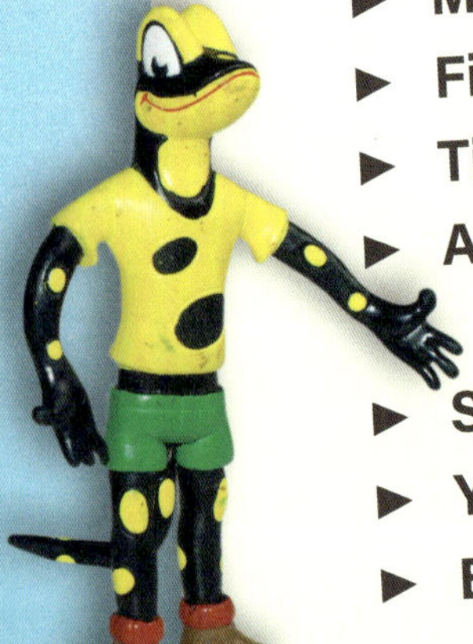

Letztere gerne auch als Hörspiele auf Kassetten und manchmal sogar von Schallplatte!

LECKERSCHMECKER

WIR MÖGEN ALLES, WAS SÜSS UND BUNT IST, SELBST DIE ZAHNPASTA:

- ► Bonitos und Treets
- ► 3 Musketiers und Leckerschmecker
- ► Banjo
- ► Nappo
- ► Katjes-Kinder und Katjes-Pfötchen
- ► Bazooka
- ► Schokoladen- und Kaugummi-Zigaretten
- ► Brauner Bär
- ► Ed vom Schleck
- ► Quench, Nestea und Cefrisch
- ► Capri-Sonne
- ► Tri-Top

DREI PROGRAMME

WIR ZAPPEN ZWISCHEN LERNFERNSEHEN UND ZEICHENTRICKSERIEN:

- ► Sesamstraße
- ► Rappelkiste
- ► Das feuerrote Spielmobil
- ► Augsburger Puppenkiste
- ► Sendung mit der Maus
- ► Biene Maja
- ► Wickie
- ► Heidi
- ► Tom & Jerry
- ► Pumuckl

Sendung mit der Maus

Drei Programme gibt es im Fernsehen:

ARD, ZDF und die **Dritten**.

GLOTZEN BIS DER ARZT KOMMT

ALS TEENIES BEGEISTERN UNS DIE GROSSEN SAMSTAGABEND-SHOWS UND MUSIKSENDUNGEN:

Wetten, dass..?

- ► Wetten, dass..?
- ► Dalli Dalli
- ► ZDF-Hitparade
- ► Formel Eins
- ► Ronny's Pop Show
- ► Alles oder Nichts
- ► Auf los geht's los
- ► Herzblatt

TRAUMFABRIK HOLLYWOOD

JEDE MENGE AMERIKANISCHE SERIEN FESSELN UNS WÖCHENTLICH ANS SOFA:

- ▶ Magnum
- ▶ A-Team
- ▶ Knight Rider
- ▶ Miami Vice
- ▶ ALF
- ▶ Ein Colt für alle Fälle
- ▶ Columbo
- ▶ Raumschiff Enterprise
- ▶ MacGyver

- ▶ Eine schrecklich nette Familie
- ▶ Dallas
- ▶ Denver-Clan

ALF

VORHANG AUF!

▶ **Cap und Capper,
zwei Freunde auf acht Pfoten** (1981)

▶ **E.T. – Der Außerirdische** (1982)

▶ **Die Supernasen** (1983)

▶ **Die unendliche Geschichte** (1984)

▶ **Otto – der Film** (1985)

▶ **Momo** (1986)

▶ **Das Dschungelbuch** (1987)

Die unendliche Geschichte

GANZ GROSSES KINO!

MIT UNSEREN FREUNDEN SEHEN WIR UNS DIESE BLOCKBUSTER AN:

► **Crocodile Dundee – Ein Krokodil zum Küssen** (1987)

► **Dirty Dancing** (1987)

► **Ödipussi** (1988)

► **Rain Man** (1989)

► **Pretty Woman** (1990)

► **Werner Beinhart** (1990)

► **Der mit dem Wolf tanzt** (1991)

► **Bodyguard** (1992)

Crocodile Dundee

SEHR WITZIG!

OSTFRIESENWITZE

Was machen die Ostfriesen, wenn sie einen Stromausfall haben? – Sie gehen an den Strand und holen sich ein paar Kilo Watt.

Wieso gehen Ostfriesen am 24.12. zum Fenster raus? – Weil Weihnachten vor der Tür steht!

MANTAWITZE

Was ist das Lieblingsmärchen eines Mantafahrers? – Radkäppchen und der böse Golf.

Woran erkennt man einen Mantafahrer im Winter? – Er hat Eiszapfen an den Ellenbogen.

KOHLWITZE

Was haben Helmut Kohl und die künstliche Befruchtung gemeinsam? – Bei beiden sind die Spender unbekannt.

Was ist der Unterscheid zwischen den USA und der Bundesrepublik?
– Die Amerikaner haben Ronald Reagan, Bob Hope, Stevie Wonder, Johnny Cash. Die Deutschen haben Helmut Kohl, no hope, no wonder, no cash.

TRABIWITZE

Kunde an der Tankstelle: „Ich hätte gern zwei Scheibenwischer für meinen Trabant." Tankwart: „Guter Tausch!"

Wann erreicht ein Trabi seine Höchstgeschwindigkeit?
– Wenn er abgeschleppt wird.

**** COMMODORE 64 BASIC V2 ****
64K RAM SYSTEM 38911 BASIC BYTES FREE
READY.

CDs
lösen bald **Schallplatten**
und **Kassetten** ab.

TECHNIK, DIE BEGEISTERT

IMMER MEHR TECHNIK HÄLT EINZUG IN UNSERE JUGENDZIMMER:

- ▶ **Stereoanlage** mit **Doppel-Kassettendeck**

- ▶ **Walkman**

- ▶ **VHS-Videorekorder** und **-kassetten**

- ▶ **C64 –** darauf spielen wir **Pac-Man** und **Tetris**

- ▶ **Pocketkamera**

- ▶ **CD-Player**

DER STYLE DER 80ER

- **Stulpen, Stirnband, Schweißband**
- **Leggings**
- **Bundfaltenhose**
- **Schulterpolster**
- Moonwashed **Jeans**
- **Cowboystiefel**
- **Espandrillos**
- Adidas Allround **Turnschuh**
- Weiße **Tennissocken**
- Weite **Jeansjacke**

- **Neon-** und **Pastellfarben**
- **Netzhemd**
- **Seidenblouson**
- **Sweatshirt** mit Markenlogo
- **Poloshirt**
- **Vokuhila**
- **Dauerwelle**
- **Fönfrisur**

Kurt Cobain

DER STYLE DER 90ER

LÄSSIGER SKATER-LOOK, ROCKIGER GRUNGE-LOOK ODER SÜSSER GIRLIE-STYLE – ALLES IST ERLAUBT:

- ► **Buffalo Boots** und **Doc Martens**

- ► **Skater-Schuhe**

- ► **Baggy Pants** und **Sneakers**

- ► **Holzfällerhemden** und zerrissene **Jeans**

- ► **Bauchfrei-Shirts** und **Hüfthosen**

- ► Umgedrehte **Kappen** und **Fischerhüte**

MUSIK AUF DEN OHREN

Von **Synthie-Pop** bis **Deutsch-Rock**, von **Hip-Hop** bis **Eurodance**

DIE GRÖSSTEN HITS UND STARS UNSERER JUGEND:

Michael Jackson: Thriller

Madonna: Like A Virgin; Like A Prayer

Prince: Purple Rain

Roxette: The Look; Joyride

Opus: Live is Life

Modern Talking: You're My Heart, You're My Soul; Cheri, Cheri Lady

Falco: Rock Me Amadeus; Jeanny

Nena: 99 Luftballons

Tina Turner: What's Love Got To Do With It

Elton John: I'm Still Standing

Frankie goes to Hollywood: Relax

Tears for Fears: Shout

Richard Sanderson: Reality

France Gall: Elle elle l'a

Bobby McFerrin: Don't Worry Be Happy

Europe: Final Countdown

The Bangles: Eternal Flame

Whitney Houston: I Wanna Dance with Somebody

Pet Shop Boys: West End Girls; It's A Sin

Desireless: Voyage Voyage

Kylie Minogue: I Should Be So Lucky

Guns N' Roses: Sweet Child o' Mine

U2: With Or Without You

Depeche Mode: Enjoy The Silence

Phil Collins: Another Day In Paradise

Sinead O'Connor: Nothing Compares 2 U

Milli Vanilli: Girl You Know It's True

Kaoma: Lambada

Nirvana: Smells Like Teen Spirit

Scorpions: Wind of Change

Bryan Adams: Summer Of '69; Everything I Do I Do It For You

Snap: The Power; Oops Up

Fine Young Cannibals: She Drives Me Crazy

Technotronic: Pum Up The Jam

Kate Yanai: Barcadi Feeling

Salt 'n' Pepa: Let's Talk About Sex

UB40: Kingston Town

Enigma: Sadness

Matthias Reim: Verdammt, ich lieb Dich

Herbert Grönemeyer: Bochum

Die Toten Hosen: Hier kommt Alex

Die Ärzte: Westerland

WIR GEBEN GAS!

DEN ROSA LAPPEN IN DEN HÄNDEN, STARTEN WIR MIT DIESEN AUTOS IN DIE ZUKUNFT:

- ▶ **VW Käfer**
- ▶ **VW Golf**
- ▶ **VW Polo**
- ▶ **Ente** (Citroën 2CV)
- ▶ **R4** (Renault 4)
- ▶ **R5** (Renault 5)

- ▶ **Opel Manta**
- ▶ **Opel Corsa**
- ▶ **Ford Fiesta**
- ▶ **Fiat Panda**
- ▶ **Fiat Uno**
- ▶ **Peugeot 205**

CHRONIK 1974-1992

DIE WICHTIGSTEN EREIGNISSE IN UNSERER KINDHEIT UND JUGEND:

1974 – Fußballhimmel:
Deutschland wird Fußball-
weltmeister im eigenen
Land.

1975 – Erwachsen:
In Deutschland wird die
Volljährigkeit von 21 auf
18 Jahre herabgesetzt.

1976 – Personenkult:
Mao Tsetungs Tod
bedeutet das Ende der
Kulturrevolution in China.

1977 – Deutscher Herbst:
Mit Entführungen, Selbst-
morden und Morden
erreicht der RAF-Terror
seinen Höhepunkt.

1978 – Drei-Päpste-Jahr:
Für nur 33 Tage bis zu
seinem Tod ist Johannes
Paul I. Nachfolger des ver-
storbenen Papst Paul VI.
Ihm folgt Karol Wojtyla als
Papst Johannes Paul II.

1979 – Musik überall:
Der Walkman kommt auf
den Markt.

1980 – Boykott:
Nach dem Einmarsch
der UdSSR in Afghanistan
boykottieren die USA,
die Bundesrepublik und
zahlreiche weitere Staaten
die Olympischen Spiele in
Moskau.

**1981 – Britische
Traumhochzeit:**
Lady Di und Prinz Charles
geben sich das Jawort unter
medialer Anteilnahme der
ganzen Welt.

1982 – Ära Kohl:
Helmut Kohl (CDU) löst
Helmut Schmidt (SPD)
als Kanzler ab und regiert
16 Jahre lang die Bundes-
republik.

1983 – Medienskandal:
Die Hitler-Tagebücher sollen der Zeitschrift Stern hohe Auflagen bescheren, werden aber als Fälschung enttarnt.

1984 – Die Privaten kommen:
Das Kabelfernsehen leitet in der Bundesrepublik ein neues Medienzeitalter ein.

1985 – Tenniswunder I:
Boris Becker gewinnt als erster Deutscher mit nur 17 Jahren das Grand-Slam-Turnier in Wimbledon.

1986 – Supergau:
Die Reaktorkatastrophe von Tschernobyl (Ukraine) setzt große Mengen Radioaktivität frei und verursacht gravierende Langzeitfolgen für Mensch und Umwelt.

1987 – Abrüstung:
Die USA und die UdSSR unterzeichnen einen Abrüstungsvertrag und setzen damit dem jahrelangen Wettrüsten ein Ende.

1988 – Tenniswunder II:
Als erste Deutsche gewinnt Steffi Graf alle vier Grand-Slam-Turniere.

1989 – Mauerfall:
Die friedliche Revolution in der DDR führt zur Öffnung der Grenzen zwischen beiden deutschen Staaten und läutet die Wiedervereinigung ein.

1990 – Deutsche Einheit:
Mit der deutschen Wiedervereinigung endet der Kalte Krieg zwischen Ost und West.
Die deutsche Fußballnationalmannschaft gewinnt den Weltmeistertitel.

1991 – Zerfall der Sowjetunion:
Nach einem Staatsstreich der Altkommunisten gegen Gorbatschow betreibt Boris Jelzin die Auflösung der UdSSR, die GUS wird gegründet, Gorbatschow tritt zurück.

1992 – Rechter Terror:
Rechtsextreme Ausschreitungen und Gewalt gegen Ausländer und Asylbewerber erschüttern die Bundesrepublik.

Bildnachweis

Adobe Stock: Kramografie – stock.adobe: Cover (r. u.), S. 35; Bits and Splits – stock.adobe: S. 12 r.; Hayati Kayhan – stock.adobe: S. 34 r. o. + u. (6); tuomaslehtinen – stock.adobe: S. 36 o.; Friedberg – stock.adobe: S. 36 u.; LoopAll – stock.adobe: S. 37 l.; alex-butko_com – stock.adobe: S. 37 r. o.; nito – stock.adobe: S. 38 l. u.

Archive und Sammlungen: Verlagsarchiv: Cover (2. v. l.), S. 10 l., 10 r., 12 l.; Sammlung Daniel Stroscher: Cover (r. o.), S. 13 r. u., 17 l. (4), 20, 21 (alle); Privatarchiv Rickling: S. 10 M. u., 11, 18, 19 (5); Bild von martaposemuckel auf Pixabay: S. 13 r. o.; © BIG: S. 15 u.; Privatarchiv Tietenberg: S. 42 u.

picture alliance: dpa | dpa Universal Studios: Cover (3. v. l.), S. 26; Wolfgang Weihs: S. 4 r.; Sven Simon: S. 5; DPRF/STAR MAX/IPx: S. 8 l.; Pictures | DGP/IS/MPI: S. 8 r. o.; picture alliance: S. 8 r. u., 25; Geisler-Fotopress | Frederic Kern: S. 9; ZB | Jens Kalaene: S. 19 M. u.; Jörg Schmitt: S. 24; United Archives / Impress: S. 28, 30; dpa | Tobis Filmkunst/Wolfgang Jahnke: S. 29.

ullstein bild: action press / Jochen Blume: Cover (l.), S. 17 r.; dpa: S. 4 l.; Wolschina: Umschlagrückseite, S. 14 r. o.; IVB-Report: S. 4 l.; United Archives: S. 5, 22, 31; Uta Poss: S. 6; Rebentisch: S. 14 l.; ullstein bild: S. 23; dpa: S. 27; mirrorpix: S. 38 l. o., 39; AP: S. 38 r.

Wikimedia Commons, Public Domain: Matchboxler, CC BY-SA 4.0, via Wikimedia Commons: S. 10 M. o. (3); GeoTrinity, CC0, via Wikimedia Commons: S. 13 l.; stargazer2020, CC BY 2.0, via Wikimedia Commons: S. 14 r. u.; ManekiNeko, CC BY-SA 3.0, via Wikimedia Commons: S. 15 o.; Frank Murmann, CC BY 3.0, via Wikimedia Commons: S. 16; Bill Bertram, CC BY-SA 2.5, via Wikimedia Commons: S. 34 l. o.; CC0 Public Domain: S. 37 r. u.; Charles01, CC BY-SA 3.0, via Wikimedia Commons: S. 42 o.; Rudolf Stricker, CC BY-SA 3.0, via Wikimedia Commons: S. 42 M.; Krzysztof Golik, CC BY-SA 4.0, via Wikimedia Commons: S. 43.

Wir danken allen Lizenzträgern für die freundliche Abdruckgenehmigung.
In Fällen, in denen es nicht gelang, Rechtsinhaber an Abbildungen zu ermitteln, bleiben Honoraransprüche gewahrt.